COSAS QUE SE

EN TIERRA FIRME

Un libro de Las Raíces de Crabtree

CHRISTINA EARLEY
Traducción de Pablo de la Vega

Crabtree Publishing
crabtreebooks.com

Apoyos de la escuela a los hogares para cuidadores y maestros

Este libro ayuda a los niños en su desarrollo al permitirles practicar la lectura. Abajo están algunas preguntas guía para ayudar al lector a fortalecer sus habilidades de comprensión. En rojo hay algunas opciones de respuesta.

Antes de leer:

- ¿De qué pienso que trata este libro?
  - *Pienso que este libro es sobre vehículos que se mueven sobre tierra firme.*
  - *Pienso que este libro es sobre algunos tipos de vehículos que se mueven en tierra firme.*
- ¿Qué quiero aprender sobre este tema?
  - *Quiero aprender sobre los distintos tipos de vehículos de tierra firme.*
  - *Quiero aprender cómo son los vehículos terrestres.*

Durante la lectura:

- Me pregunto por qué...
  - *Me pregunto por qué las motonieves puden moverse sobre la nieve.*
  - *Me pregunto por qué los vehículos terrestres son diferentes a los vehículos de camino.*
- ¿Qué he aprendido hasta ahora?
  - *Aprendí que los buggies se mueven sobre la arena.*
  - *Aprendí que los carros de golf son conducidos en campos de golf.*

Después de leer:

- ¿Qué detalles aprendí de este tema?
  - *Aprendí que hay muchos tipos de vehículos terrestres.*
  - *Aprendí que la gente tiene tipos especiales de vehículos para moverse sobre la tierra.*
- Lee el libro una vez más y busca las palabras del vocabulario.
  - *Veo la palabra* ***buggy*** *en la página 4 y la palabra* ***motonieves*** *en la página 10. Las demás palabras del vocabulario están en la página 14.*

¿Cuántos **vehículos** ves sobre tierra firme?

Un **buggy**.

Dos **tractores.**

Tres **carros de golf**.

Cuatro **motonieves.**

La gente usa vehículos sobre la tierra.

064-A-952

Lista de palabras

Palabras de uso común

cuántos	la	un
cuatro	sobre	usa
dos	tres	ves

Palabras para conocer

buggy

carros de golf

motonieves

tractores

vehículos

23 palabras

¿Cuántos **vehículos** ves sobre tierra firme?

Un **buggy**.

Dos **tractores**.

Tres **carros de golf**.

Cuatro **motonieves**.

La gente usa vehículos sobre la tierra.

Written by: Christina Earley
Designed by: Rhea Wallace
Series Development: James Earley
Proofreader: Melissa Boyce
Educational Consultant: Marie Lemke M.Ed.
Translation to Spanish: Pablo de la Vega
Spanish-language layout and proofread: Base Tres

Photographs:
Shutterstock: Valentin Valkov.: cover, p. 1; Artie Medvedev: p. 3, 14; pixinoo: p. 5, 14; Emjay Smith: p. 6-7, 14; sirtravelalot: p. 8, 14; Olhna Pashkovska: p. 10, 14; novak.elcic: p. 12

COSAS QUE SE MUEVEN

EN TIERRA FIRME

Crabtree Publishing

crabtreebooks.com 800-387-7650

Printed in Canada/082024/CPC20240815

Published in Canada
Crabtree Publishing
616 Welland Avenue
St. Catharines, Ontario
L2M 5V6

Published in the United States
Crabtree Publishing
347 Fifth Avenue
Suite 1402-145
New York, NY 10016

Hardcover	978-1-0396-1665-3
Paperback	978-1-0396-1670-7
Ebook (pdf)	978-1-0396-1675-2
Epub	978-1-0396-1680-6
Read-along	978-1-0396-1685-1
Audio book	978-1-0396-1690-5

Library and Archives Canada Cataloguing in Publication

Title: En tierra firme / Christina Earley ; traducción de Pablo de la Vega.
Other titles: On the land. Spanish
Names: Earley, Christina, author. | Vega, Pablo de la, translator.
Description: Series statement: Cosas que se mueven | Translation of: On the land. | "Un libro de las raíces de Crabtree". | Text in Spanish.
Identifiers: Canadiana (print) 20210231165 | Canadiana (ebook) 20210231173 | ISBN 9781039616653 (hardcover) | ISBN 9781039616707 (softcover) | ISBN 9781039616752 (HTML) | ISBN 9781039616806 (EPUB) | ISBN 9781039616851 (read-along ebook)
Subjects: LCSH: Motor vehicles—Juvenile literature.
Classification: LCC TL147 .E2718 2022 | DDC j388.3/4—dc23

Library of Congress Cataloging-in-Publication Data

Names: Earley, Christina, author. | Vega, Pablo de la, translator.
Title: En tierra firme / Christina Earley ; traducción de Pablo de la Vega.
Other titles: On the land. Spanish
Description: New York, NY : Crabtree Publishing Company, [2022] | Series: Un libro de las raíces de Crabtree. Cosas que se mueven | Translation of: On the land.
Identifiers: LCCN 2021024004 (print) | LCCN 2021024005 (ebook) | ISBN 9781039616653 (hardcover) | ISBN 9781039616707 (paperback) | ISBN 9781039616752 (ebook) | ISBN 9781039616806 (epub) | ISBN 9781039616851
Subjects: LCSH: Motor vehicles--Juvenile literature.
Classification: LCC TL147 .E18418 2022 (print) | LCC TL147 (ebook) | DDC 629.222--dc23